NAPOLÉON

Texte d'Augustin Drouet
illustrations de Daniel Picard
sous la direction d'Alain Plessis

Un jeune officier

1769
naissance de Napoléon

Napoléon Bonaparte est né en 1769 à Ajaccio en Corse, quelques mois après que le roi de France Louis XV ait acheté cette île aux **Génois.**
Son père, Charles Bonaparte, a d'abord combattu les Français, aux côtés de Paoli et des Corses révoltés pour conquérir leur indépendance, mais il s'est vite rallié à la France.
Il n'est pas riche et il espère une aide pour élever ses enfants. Il n'est pas déçu.
Grâce à une bourse accordée par l'État, le petit Napoléon, qui a juste onze ans alors, part faire ses études au collège de Brienne, en Champagne : on y instruit des enfants de noble naissance, afin de les préparer à être officiers.
Napoléon n'y est pas heureux : ses camarades se moquent de son accent et il est loin des siens.
Mais il est reçu à l'École militaire de Paris et il devient officier d'artillerie à seize ans.
Il mène alors la vie de **garnison** dans de petites villes.
Peu payé, il mange du pain sec pour envoyer de l'argent à sa mère, devenue veuve, qui doit élever ses sept frères et sœurs.
Son seul plaisir est de lire dans sa chambre.
Mais il part souvent revoir les siens à Ajaccio.
Et il aime grimper dans la montagne corse jusqu'à la maison rustique de sa famille.

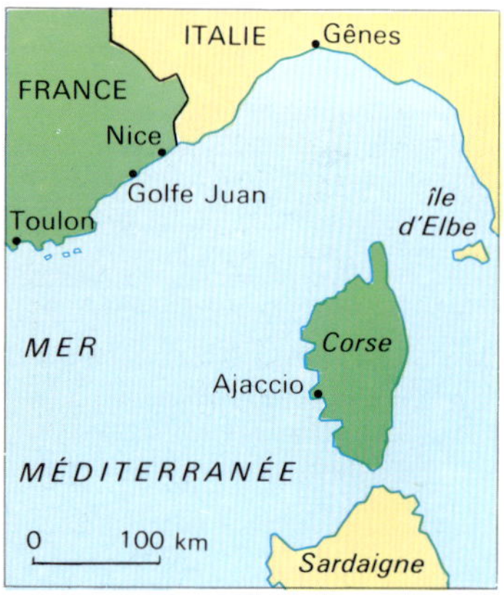

Génois

Ce sont les habitants de la république de Gênes, en Italie. Celle-ci était dirigée par de riches marchands et possédait la Corse depuis cinq siècles, mais elle ne parvenait pas à pacifier durablement cette île.

garnison

On appelle ainsi une troupe installée dans une ville, en temps de paix comme en temps de guerre.

Bonaparte se tient souvent à l'écart de ses camarades du collège de Brienne, qui se moquent de son accent corse et de ses pauvres vêtements.

Général de la Révolution

1796
Arcole

Joséphine de Beauharnais

Au début de la Révolution, en 1789, Napoléon ne cesse de penser à sa patrie corse.
Il y retourne en 1792, mais la même année, il reprend du service dans l'armée française.
En 1793, il est envoyé devant Toulon.
Sans succès, les Français tentent depuis trois mois de reprendre ce port alors aux mains des Anglais.
Le capitaine Bonaparte réussit pourtant à diriger le tir de ses canons contre la flotte anglaise qui doit lever l'ancre.
Toulon est libéré en 1793, et Bonaparte est nommé général. Il a 24 ans.
Puis il est envoyé à Paris où il vit misérablement jusqu'au 5 octobre 1795, jour où il sauve le gouvernement en dispersant une émeute royaliste.
Peu après avoir épousé une jolie **créole,** Joséphine de Beauharnais, il est nommé à la tête de l'armée d'Italie pour combattre les **Piémontais** et les Autrichiens.
Bonaparte communique son enthousiasme à ses soldats peu nombreux, qui le surnomment familièrement « le petit caporal ». Il remporte plusieurs victoires éclatantes au nord du Pô, à Arcole et à Rivoli, et marche sur Vienne, capitale de l'Autriche. Les Autrichiens demandent la paix en mars 1797.
Bonaparte est devenu le général le plus populaire de la République.

Une dure bataille oppose, trois jours durant, Bonaparte aux Autrichiens, dans les marais d'Arcole. Bonaparte, surnommé le « petit caporal », saisit un drapeau et tente avec courage de franchir le pont d'Arcole, balayé par la mitraille ennemie.

créole

Personne de race blanche née aux Antilles, qui sont alors des colonies. Joséphine était née à la Martinique.

Piémontais

Il y a alors plusieurs États italiens. Le plus important est le royaume de Piémont-Sardaigne qui comprend une partie du nord de l'Italie, avec sa capitale Turin, la Savoie et l'île de la Sardaigne.

L'expédition d'Égypte

21 juillet **1798**
victoire des Pyramides

Le gouvernement redoute la popularité de ce jeune héros. Comme la guerre continue contre les Anglais, il envoie le général Bonaparte conquérir la lointaine **Égypte ;** de là il menacera la domination anglaise en **Inde.** Bonaparte s'embarque avec 38 000 hommes sur une flotte de 500 vaisseaux réunie à Toulon. Il échappe à la surveillance de l'amiral anglais Nelson et débarque à Alexandrie, en Égypte, le 1er juillet 1798. Le 21 juillet, près des Pyramides, il écrase les Mamelouks, des cavaliers turcs chargés de défendre ce pays. Mais, pendant ce temps, Nelson a détruit la flotte française de Méditerranée, et Bonaparte est enfermé dans l'Égypte qu'il a conquise.
Il fait preuve d'une bouillonnante activité : il adapte son armée à la mode du pays, créant un régiment de cavaliers montés sur des dromadaires. Il crée la première imprimerie en Égypte et veut y faire cultiver du coton et y construire des moulins à vent. Il a amené avec lui 200 savants français qui, pour la première fois, étudient le climat, les plantes, les animaux, la très ancienne histoire de ce pays. Mais les nouvelles qui lui parviennent de France l'inquiètent. Abandonnant son armée, Bonaparte s'embarque secrètement pour la France.

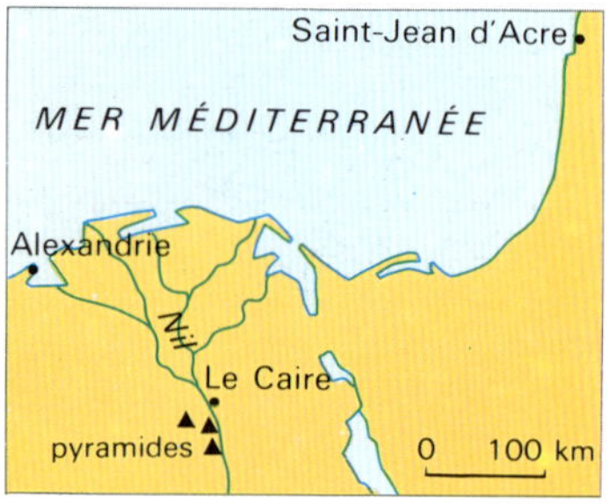

Égypte
Ce pays n'est pas, alors, un État indépendant. C'est une province de la Turquie, bordée au nord par la Méditerranée et à l'est par la mer Rouge, qui débouche dans l'océan Indien.

Inde
Depuis qu'ils en ont chassé les Français, au milieu du XVIIIe siècle, les Anglais dominent l'Inde, qui est la plus riche de toutes leurs colonies.

Les dessins des artistes qui accompagnaient Bonaparte contribuèrent à mieux faire connaître les monuments grandioses de l'Ancienne Égypte, abandonnés depuis des siècles et que les sables avaient peu à peu recouverts.

Premier Consul

novembre 1799
le coup d'État de brumaire

Bonaparte débarque à Fréjus le 9 octobre 1799. Arrivé à Paris, il trouve un gouvernement sans autorité, menacé de tous côtés. Un complot dirigé par Sieyès s'organise pour renverser le régime. Les conspirateurs cherchent un général pour chasser les députés, et Bonaparte, le plus populaire, s'impose à eux. À la tête de ses troupes, il envahit les assemblées, et, au son du tambour, fait disperser les députés réunis en séance à Saint-Cloud. Un nouveau régime, le Consulat, est aussitôt créé.

Il est ainsi nommé parce que ses chefs sont trois **consuls** : Bonaparte, le Premier consul, Cambacérès et Lebrun.

C'est le Premier consul qui prend les plus graves décisions.

Elles sont examinées par des assemblées qui, très vite, les approuvent.

Dans chaque département, un préfet, disposant de beaucoup d'autorité, fait exécuter les ordres du gouvernement.

Bonaparte a ainsi le pouvoir nécessaire pour réaliser d'importantes réformes : il fait établir, par le **Conseil d'État**, le **Code civil** ; il rétablit la monnaie, qu'on appelle alors le franc ; il réorganise la justice.

La grande majorité des Français, fatigués par les désordres continuels des années précédentes, acceptent volontiers ce gouvernement autoritaire.

consul

Ce nom, qui était, dans l'Antiquité, celui du principal magistrat de la République romaine, sert à désigner les trois chefs de la République française de 1800 à 1804.

Conseil d'État

Cette assemblée de grands fonctionnaires nommés par le gouvernement existe encore aujourd'hui.

le Code civil

Appelé aussi « code Napoléon », il fixe tous les rapports entre les personnes, et aussi le droit de propriété.

Suivi de ses grenadiers, Bonaparte pénètre, le 19 brumaire, dans la Chambre des députés, que préside son frère Lucien. Les députés furieux crient : « À bas le dictateur ! », mais ils vont être chassés par les soldats.

La paix et la prospérité

1801
le Concordat

mobilier style Empire : une psyché

Bonaparte veut rallier au Consulat les Français de tous les partis, les nobles et les **émigrés** aussi bien que les anciens partisans de la Révolution.
Il met fin à la guerre de Vendée, qui, depuis 7 ans, opposait les « blancs » royalistes aux « bleus » républicains.
Même le paysan breton Cadoudal, un hercule rusé et violent qui a un grand prestige parmi les royalistes, se soumet en février 1800.
Mais pour réconcilier les Français, il faut établir la paix religieuse : si certains catholiques ont accepté l'Église réorganisée au début de la Révolution, d'autres l'ont refusée et restent fidèles au pape.
Bonaparte négocie avec les envoyés du pape Pie VII un accord qui est signé par son frère Joseph en 1801.
Par ce concordat, le pape reconnaît le nouveau régime politique français et accepte la vente des anciens biens du clergé confisqués par la Révolution.
Maintenant les catholiques peuvent à la fois servir le gouvernement et obéir au pape.
Pour vaincre les Autrichiens, Bonaparte réussit à faire passer une armée par le col du **Grand-Saint-Bernard** encore enneigé, en mai 1800 ; battus, les Autrichiens demandent la paix. Leurs alliés Anglais, découragés, signent à leur tour la paix d'Amiens (1802). En France, la popularité de Bonaparte est immense.

émigrés
Ce sont des Français qui, pendant la Révolution, avaient quitté leur pays et souvent combattu les troupes républicaines.

Grand-Saint-Bernard
Ce col situé dans les Alpes suisses, à une altitude de 2 473 mètres, était très dangereux et souvent impraticable en hiver.

Pour redonner de l'activité à l'industrie, Bonaparte organise, en 1801, dans la cour du Louvre, à Paris, une grande exposition de produits de qualité de l'industrie et de l'artisanat français. On peut en particulier y admirer de magnifiques tissus de laine, de soie ou de coton.

L'empereur Napoléon 1er

2 décembre 1804
sacre de l'Empereur

Au moment de la paix d'Amiens, Bonaparte a trente-deux ans. Il est petit, mince, nerveux, son visage pâle est éclairé par de grands yeux gris très brillants. Très actif, il ne reste que quelques minutes à table, se fait lire des journaux pendant son bain, dicte trois lettres à la fois à trois secrétaires différents. De temps en temps, une promenade à cheval le délasse de son travail. Sa mémoire est étonnante et il est très ambitieux. Il récompense ceux qui lui sont dévoués, mais il se méfie de ceux qui veulent rester indépendants. Des royalistes fanatiques lui reprochent d'empêcher la restauration des **Bourbons.** Ces royalistes ont déjà tenté de le tuer la veille de Noël 1800. Ce soir-là, ils avaient placé sur son passage une machine infernale. L'explosion a fait beaucoup de victimes mais Bonaparte est sauf. En 1804, Cadoudal organise un complot pour enlever Bonaparte. Mais la police l'arrête, et il est exécuté. Dans sa prison, Cadoudal plaisantait : « Nous avons voulu faire un roi, nous avons fait un empereur. » Profitant de l'émotion provoquée par ces attentats, Bonaparte se fait nommer Napoléon 1er, empereur héréditaire des Français. Pour avoir plus de prestige, il se fait **sacrer** par le pape, comme l'avaient été autrefois les empereurs **carolingiens.**

Cadoudal

les Bourbons

C'est le nom de la dynastie (famille) des rois de France depuis Henri IV.

sacrer

Être sacré, pour un souverain (roi ou empereur), c'était recevoir le « sacre » au cours d'une cérémonie religieuse célébrée par un évêque ou par le pape.

les Carolingiens

Famille qui régna sur l'empire d'Occident du VIIIe au Xe siècle, à laquelle a appartenu en particulier Charlemagne.

Le sacre de Napoléon se déroule à Notre-Dame le 2 décembre. Le pape Pie VII , qui est venu spécialement de Rome, verse l'huile consacrée sur la nuque de Napoléon ; celui-ci se couronne ensuite lui-même, puis couronne Joséphine, agenouillée devant lui.

Face à l'ennemi anglais

21 octobre 1805
Trafalgar

l'amiral Nelson

Les Anglais sont mécontents des projets ambitieux de Napoléon. La guerre avec l'Angleterre a repris quelques temps avant le sacre, en 1803. Elle durera pendant tout l'Empire, jusqu'en 1814.
En 1804, Napoléon réunit 1 300 moyennes embarcations à **Boulogne,** en face de l'Angleterre, pour tenter d'y débarquer.
Mais, pour réussir cette opération, il faut échapper à la flotte anglaise, la plus forte du monde. L'amiral français Villeneuve veut entraîner la flotte anglaise sur une fausse piste, loin dans l'Atlantique. Il espère avoir le temps de revenir protéger le débarquement en Angleterre, mais, en 1805, il doit affronter l'escadre de l'amiral anglais Nelson à Trafalgar, au large de l'Espagne. Nelson, qui est blessé mortellement dans la bataille, détruit presque complètement la flotte de guerre française.
La mer la mettant à l'abri des attaques de Napoléon, l'Angleterre organise les coalitions qui ne cessent de se former contre lui sur le continent européen.
Comme elle a une économie très moderne, elle peut fournir à ses alliés, l'Autriche et la Russie surtout, de l'argent pour équiper leurs armées.
Pour ruiner l'économie de l'Angleterre, Napoléon décrète le **blocus** continental : il interdit aux pays sous sa domination d'acheter des produits anglais.

À Trafalgar, la flotte française connaît un véritable désastre. L'escadre commandée par Villeneuve sort du port espagnol de Cadix ; elle est alors attaquée de flanc par celle de Nelson, qui la canonne à bout portant. Les deux tiers des bateaux français sont coulés ou pris, tandis que l'Angleterre ne perd pas un navire.

Boulogne
Ce port de pêche est séparé de l'Angleterre par le pas de Calais, large d'une trentaine de kilomètres seulement.

blocus
C'est l'encerclement d'une ville ou d'un pays qu'on veut priver de toute communication avec l'extérieur. Mais c'est tout le continent européen, alors sous sa domination, que Napoléon voulait fermer au commerce anglais.

Le soleil d'Austerlitz

2 décembre 1805
Austerlitz

Murat

Sur le continent, Napoléon doit d'abord affronter les Autrichiens. Il part de Boulogne avec ses généraux et son armée et va les attaquer à Austerlitz, au nord de **Vienne,** le jour anniversaire de son sacre, le 2 décembre 1805.
Murat, à la tête de la cavalerie française, écrase la cavalerie autrichienne, et Lannes enfonce l'armée russe.
Grâce à cette victoire, à celles d'Iéna sur les Prussiens (1806), et de Friedland sur les Russes (1807), l'empereur français domine l'Europe. La France de Napoléon est bien plus grande qu'aujourd'hui : elle a 130 départements et s'étend jusqu'à Hambourg et Rome (voir page 32).
L'empereur, quand il n'est pas à la guerre, vit aux Tuileries et, à l'époque des chasses, à Fontainebleau. Il s'est créé une cour, avec une nouvelle noblesse : des soldats de la Révolution qui sont devenus ses maréchaux portent des bas de soie comme les nobles d'autrefois.
Napoléon décide de tout. La police de son ministre Fouché est partout. Les libertés conquises en 1789 ne sont pas respectées, et les journaux sont soumis à une sévère **censure.**
Les Français supportent malgré tout cette dictature.

Vienne
Capitale de l'empire d'Autriche, qui est très étendu, puisqu'il comprend aussi l'actuelle Hongrie.

la censure
Elle permet au gouvernement de supprimer dans les journaux, les livres et les pièces de théâtre, les passages qui lui déplaisent.

Une remarquable manœuvre militaire permet à Napoléon de prendre à revers, près du village autrichien d'Austerlitz, les Autrichiens et les Russes. Quand le soleil perce les brumes matinales, sa victoire est déjà achevée, et ses adversaires fuient en désordre à travers les étangs glacés.

La guerre d'Espagne

1808-1813
guerre avec l'Espagne

Marie-Louise

L'ambition de Napoléon est sans limites. Il envoie des troupes en Espagne, et force le roi de ce pays, Charles IV, un descendant de Louis XIV qui a jusqu'alors été son allié fidèle, à **abdiquer** ; il place sur son trône son frère Joseph Bonaparte en 1808.
Mais le peuple espagnol n'accepte pas la domination française. Une émeute éclate à Madrid, contre les troupes de Murat.
Les paysans mènent une guérilla incessante, torturant les soldats qu'ils font prisonniers.
L'armée française réprime férocement les révoltes. Elle s'use dans cette guerre qui est un grave échec pour Napoléon.
Les Autrichiens en profitent pour reprendre la lutte. Napoléon envahit de nouveau leur pays ; Lannes est tué en tentant de franchir le Danube en crue, mais Napoléon remporte en juillet 1809 la difficile victoire de Wagram.
L'empereur d'Autriche préfère se réconcilier avec lui, et lui donne en mariage sa fille **Marie-Louise**.
Napoléon a fait d'immenses conquêtes. Autour de la France, des **États vassaux**, comme Naples ou la **Westphalie**, en Allemagne, lui sont soumis.
Il a souvent mis ses frères à leur tête. Mais les habitants acceptent difficilement cette présence française. L'armée s'essouffle. Chaque victoire est plus difficile à remporter que la précédente...

abdiquer
Céder son pouvoir.

Marie-Louise
Fille de l'empereur d'Autriche, François Ier. Napoléon l'a épousée en 1810, après s'être séparé de Joséphine qui ne pouvait pas lui donner d'enfant. En 1811, Marie-Louise met au monde un fils, le futur roi de Rome.

États vassaux
Ces États ont leurs propres souverains, mais ils obéissent, en fait, à la volonté de Napoléon.

la Westphalie
Napoléon a fait de ce pays, situé au nord-ouest de l'Allemagne, un royaume qu'il a donné à son jeune frère Jérôme.

Pour reprendre aux insurgés espagnols la ville de Saragosse, maison par maison, il fallut aux généraux de Napoléon, en 1809, quatre mois de combats, qui coûtèrent la vie à quarante mille personnes.

La campagne de Russie

14-15 septembre 1812
l'incendie de Moscou

un cosaque à cheval

grand-duché de Varsovie
En créant ce nouvel État, Napoléon a fait réapparaître une Pologne indépendante. La Pologne avait été, en effet, à la fin du XVIIIe siècle, partagée entre la Prusse, l'Autriche et la Russie.

Constantinople
Appelée Byzance au Moyen Âge, c'était la capitale de l'empire Ottoman, qui comprenait une grande partie de l'Europe du Sud-Est, et la Turquie actuelle. Le tsar voulait s'en emparer et prendre une partie de cet empire.

cosaques
On appelait cosaques des guerriers vivant dans certaines provinces de la Russie. Les cosaques du Don étaient célèbres pour leur bravoure sauvage.

Le tsar de Russie Alexandre Ier a fraternisé avec Napoléon à Tilsitt en 1807.
Mais il est mécontent que Napoléon occupe le **grand-duché de Varsovie** et l'empêche de conquérir **Constantinople.** Le tsar cesse alors d'appliquer le blocus continental.
Napoléon décide de le soumettre. Il réunit 700 000 soldats de 20 nations différentes ; la plus grande armée qu'on ait jamais vue.
À sa tête, il envahit la Russie en juin 1812, et entre à Moscou où tous les habitants ont fui. Mais les Russes incendient la grande ville construite en bois.
Le 19 octobre Napoléon doit ordonner la retraite. C'est un épouvantable désastre : l'hiver est arrivé soudainement et le froid est terrible. Les soldats en uniforme d'été ne trouvent ni villages pour se reposer, ni nourriture, car les Russes détruisent tout à leur approche. Épuisés, les soldats de la Grande Armée tombent mourants dans la neige.
En essayant de traverser la Berezina beaucoup d'entre eux sont emportés par les eaux glacées du fleuve en crue.
Ceux qui s'écartent de leurs camarades sont massacrés par les **cosaques.**
Quand Napoléon regagne l'Allemagne, il n'a plus d'armée.
Les seules forces qui lui restent continuent à se battre en Espagne.

Le 14 septembre 1812, la Grande Armée entre dans Moscou. Tandis que les soldats pillent les maisons désertes, un gigantesque incendie ravage la ville ; Napoléon devra battre en retraite un mois plus tard.

La débâcle

6 avril **1814**
l'abdication

le maréchal Ney

En 1813, toute l'Allemagne se soulève contre Napoléon, le **tyran** désarmé.
Les peuples poussent les souverains à se libérer de la domination française.
Une grande coalition se forme, qui comprend les Anglais, les Russes, les Prussiens, les Suédois et, un peu plus tard, les Autrichiens. À la bataille de Leipzig, en octobre 1813, Napoléon tente pendant trois jours de leur résister, mais il est trahi par ses derniers alliés, et doit se retirer en France.
Il lui faut alors défendre le sol national.
Au sud, le général anglais Wellington, venu d'Espagne, s'avance jusqu'à Toulouse.
Au nord et à l'est, trois armées alliées marchent vers Paris. Napoléon ne peut leur opposer que des « Marie-Louise », des jeunes qui n'ont jamais combattu.
Malgré leur courage, malgré son génie de la stratégie, l'Empereur ne peut empêcher la capitale de tomber : Joseph Bonaparte décide la **capitulation** de Paris le 31 mars 1814.
Réfugié à Fontainebleau, Napoléon voudrait encore lutter, mais ses maréchaux, conduits par Ney, le poussent à abdiquer, ce qu'il fait le 6 avril.
Les alliés lui donnent un tout petit royaume, l'île d'Elbe, pour qu'il y achève ses jours.

tyran

Souverain très autoritaire, qui s'impose par la force et prive ses sujets de leurs libertés.

capitulation

C'est le fait de se rendre à l'ennemi et de reconnaître ainsi sa défaite.

Après avoir signé son abdication, Napoléon fait ses adieux aux soldats de sa vieille garde, le 20 avril 1814, dans la cour du château de Fontainebleau.

Les Cent-Jours

18 juin **1815**
Waterloo

Louis XVIII

Les alliés rétablissent comme roi de France le frère de Louis XVI, qui prend le nom de Louis XVIII. Celui-ci donne des libertés aux Français, mais quand il remplace le drapeau tricolore par le **drapeau blanc,** il devient impopulaire.
La prétention des nobles qui se croient revenus à l'Ancien Régime exaspère les bourgeois et les paysans, qui craignent qu'on leur reprenne les **biens nationaux.**
Napoléon sait que le mécontentement grandit. Il s'échappe de l'île d'Elbe et débarque près de Cannes, accompagné de 700 soldats, le 1er mars 1815.
En vingt jours, il arrive à Paris, sans avoir tiré un coup de fusil.
Partout, l'armée s'est ralliée à lui.
Louis XVIII est reparti en exil.
Mais les autres pays n'acceptent pas le retour de l'empereur.
Une armée anglo-prussienne se prépare à envahir la France. Napoléon veut la devancer et la disperser en Belgique.
Mais à Waterloo, malgré les charges des dix mille cavaliers du maréchal Ney, Napoléon est battu par Wellington.
Il abdique de nouveau, le 22 juin 1815, après tout juste cent jours de règne, et va se livrer à un vaisseau anglais.
Il espére pouvoir aller aux États-Unis, mais les Anglais le font transporter dans l'île de Sainte-Hélène, où il est surveillé de près.
Il y meurt le 5 mai 1821.

drapeau blanc

L'abandon du drapeau tricolore par Louis XVIII, au profit d'un drapeau blanc signifiait le rejet de la Révolution française. Depuis lors, le drapeau blanc est devenu l'emblème de la dynastie des Bourbons.

biens nationaux

Ce sont les biens que l'État avait pris pendant la Révolution, à des nobles ou à l'Église, et qu'il avait revendus.

Quittant la petite île montagneuse d'Elbe, Napoléon s'embarque pour la France avec les soldats qui l'avaient suivi dans son exil.

Chronologie

Bonaparte au Conseil des Cinq-Cents
à Saint-Cloud le 10/11/1799

Napoléon 1er sur son trône impérial

1769 Naissance de Napoléon Bonaparte.

1795 Le 5 octobre (13 vendémiaire An IV), Bonaparte fait mitrailler les royalistes devant l'église Saint-Roch, à Paris.

1798 Le 21 juillet, les soldats de Bonaparte battent les Mamelouks à la bataille des Pyramides.

1799 Le 18 brumaire An VIII (9 novembre) a lieu le coup d'État. Bonaparte renverse le régime du Directoire et crée le Consulat.
Le 15 décembre, la Constitution de l'An VIII, qui organise le régime du Consulat, est proclamée.

1800 Le 20 mai, Bonaparte franchit le col du Grand-Saint-Bernard, avant de remporter la victoire de Marengo, en Italie.

1801 Signature du Concordat.

1804 Le 18 mai, Bonaparte est proclamé empereur des Français.
Le 2 décembre, Napoléon est sacré par le pape Pie VII dans l'Église Notre-Dame, à Paris.

1805 Le 2 décembre, victoire d'Austerlitz.

1812 Le 14 septembre, entrée dans Moscou en feu.

1813 Défaite de Napoléon à la bataille de Leipzig, en octobre.

1814 Le 6 avril, Napoléon abdique, et se retire dans l'île d'Elbe.

1815 Le 1er mars, Napoléon débarque, accompagné de 700 hommes, près de Cannes.
Le 18 juin, il est battu à Waterloo.
Le 22 juin, Napoléon abdique de nouveau.

1821 Napoléon meurt à Sainte-Hélène.

Personnages célèbres

● **Georges Cadoudal** (1771-1804). Il fut un des chefs des Chouans pendant la guerre de Vendée. Royaliste fanatique, il a préparé deux attentats contre Napoléon. En 1800, c'est lui qui a organisé l'attentat de la rue Saint-Nicaise, où une machine infernale a explosé au passage de la voiture de l'Empereur. Un projet d'attentat, en 1804, fut découvert par la police. Arrêté, Cadoudal fut exécuté le 25 juin.

La machine infernale
Gravure de Pol

● **Joseph Bonaparte** (1768-1844). Frère aîné de Napoléon, il est fait roi de Naples par son frère en 1806, puis il est roi d'Espagne de 1808 à 1813. Il a vécu aux États-Unis après Waterloo et la chute de Napoléon.

Lucien Bonaparte

● **Lucien Bonaparte** (1775-1840). Deuxième frère de Napoléon, il est élu membre du Conseil des Cinq Cents, sous le Directoire. Il a joué un rôle décisif lors du coup d'État du 18 brumaire. Napoléon le nomme ministre de l'Intérieur en 1799, puis ambassadeur en Espagne en 1800.

Joseph Fouché

● **Joseph Fouché** (1759-1820). Membre de la Convention, il vote la condamnation à mort de Louis XVI en 1793. Nommé représentant en mission, il terrorise Nevers, puis participe à la sanglante répression de la révolte de Lyon contre les révolutionnaires de Paris.
Il est ministre de la Police depuis 1799 jusqu'à la chute de Napoléon en 1815. Habile mais sans scrupules, il contribue ensuite au retour du roi Louis XVIII.

● **Michel Ney** (1769-1815). Soldat de la Révolution, il est nommé général par Napoléon en 1796, après qu'il se soit emparé de la ville de Mannheim, en Allemagne. Son courage et sa fougue le font surnommer « le brave des braves ». En 1814, il pousse Napoléon à abdiquer et se rallie à Louis XVIII. Il se rangera de nouveau du côté de Napoléon lors des Cent-Jours. Il est fusillé en 1815 pour avoir trahi Louis XVIII.

Les créations du Consulat

Code Napoléon - Code civil, exemplaire original relié de velours noir avec broderies

Le Conseil d'État

En décembre 1799, Bonaparte fonde le Conseil d'État et lui confie le soin de préparer les lois. Il aime présider lui-même ses séances.

Le Code civil

Le Conseil d'État travaille à l'élaboration du Code civil promulgué en 1804. Cet ensemble de textes confirme l'autorité du père et du mari dans la famille. Le Code garantit aussi le droit de propriété ; il est aujourd'hui une des sources principales du droit français.

Le Concordat

En 1801, Bonaparte signe avec les représentants de l'Église un concordat, c'est-à-dire un accord qui met fin au conflit qui a opposé l'Église aux hommes de la Révolution, au temps de la Terreur. Il ouvre ainsi une période de paix religieuse.

Le Conseil d'État

et de l'Empire

- **L'Ordre de la Légion d'honneur**

Le 19 mai 1802, Bonaparte, Premier consul, crée l'Ordre de la Légion d'honneur, destiné à récompenser le courage et le mérite exceptionnels de certains hommes et femmes.

- **Les Lycées impériaux**

En 1802, Bonaparte supprime les Écoles centrales qu'a créées en 1793 la Convention, et organise les Lycées impériaux, où les élèves sont soumis à une discipline toute militaire.

- **La Banque de France**

Bonaparte confie en 1803 le monopole de l'émission des billets de banque à la Banque de France, qui avait été fondée en 1800 par une association de banquiers.
À cette époque, les billets de banque peuvent être échangés contre des pièces d'argent et d'or. Les « Napoléons » sont des pièces d'or de vingt francs.
La Banque de France a été nationalisée en 1945 ; elle joue toujours un rôle essentiel dans la vie économique de notre pays.

- **La colonne Vendôme**

Napoléon a fait construire à la gloire de la Grande Armée la colonne Vendôme, à Paris. Elle était alors surmontée d'une grande statue de l'Empereur.

Ordre de la Légion d'honneur, étoile et ruban

Lycée Louis-le-Grand, Paris, 1867

La France de Napoléon

Paris, la rue de Rivoli près des Tuileries.
Vers 1840 - William Callow

● La naissance de grandes fortunes : l'entreprise Richard-Lenoir

La période napoléonienne est une époque où s'échafaudent de grandes fortunes dans la classe bourgeoise. Fils de paysans, Richard s'est enrichi en achetant des biens nationaux. Avec son associé Lenoir-Dufresne, il se lance dans le commerce et la fabrication des textiles. À sa mort, l'entreprise Richard-Lenoir possède des ateliers qui fonctionnent dans toute la France, avec près de treize mille ouvriers. Le machinisme commence à se développer en France, mais il n'y a que peu de machines à vapeur dans les usines ; la machine à vapeur a été mise au point en Angleterre par John Watt, en 1782.

Colonne Vendôme

● L'embellissement et l'organisation de Paris

Paris a, sous l'Empire, 700 000 habitants environ. La ville est embellie alors par de nouveaux monuments : l'Arc du Carrousel, la colonne Vendôme, l'église de la Madeleine, achevée sous Louis-Philippe, et enfin, la rue de Rivoli avec ses arcades. Plusieurs ponts de Paris datent aussi de cette époque.

Napoléon donne à Paris l'organisation administrative qui est encore en vigueur aujourd'hui pour l'essentiel : il place deux préfets à la tête du département de la Seine : le préfet de la Seine, et le préfet de police. Il n'y a pas de maire à la tête de la ville de Paris ; mais, dans chacun des 12 arrondissements, on trouve un maire nommé par le gouvernement avec son adjoint.

Une administration centralisée

Pour administrer la France, Napoléon a adopté un système fondé sur le principe d'autorité : à tous les niveaux, il place un seul responsable, désigné par le pouvoir central. Dans chaque département, donc, Napoléon est représenté par un préfet qui dépend directement de lui : le préfet est chargé de faire exécuter sur place les ordres venus de Paris et d'administrer le département.

Des guerres dévastatrices

Napoléon s'est efforcé de ménager la Vendée, qui a été ravagée par les horreurs de la guerre civile. Ailleurs, le poids de la guerre se fait lourdement sentir ; beaucoup de jeunes fuient la conscription, c'est-à-dire l'enrôlement forcé dans l'armée, et cherchent refuge au fond des bois. Les guerres de Napoléon, toujours plus meurtrières, appauvrissent à la longue le pays : à la fin de l'Empire on souffre de la faim dans plus d'une région de France.

Des recherches agricoles

L'agriculture reste routinière et peu productive, faute d'engrais en quantités suffisantes. Le gouvernement de Napoléon s'efforce cependant de répandre la culture de la betterave à sucre ; c'est B. Delessert qui a été le premier à savoir extraire du sucre de la betterave, vers 1802. Autre culture importante : la pomme de terre, qui ne se répandra largement qu'après 1830. L'administration de Napoléon lance enfin vers 1810 une vaste enquête sur la diffusion du maïs en France.

Jardin des Tuileries, entrée occidentale : Arc de triomphe. Gravure XIXe s.

Guerres napoléonniennes
Allégorie contre la guerre XIXe s.

Le maïs, planche botanique de l'herbier Blackwell
Nüremberg, 1757

La France de Napoléon

Après Napoléon

Napoléon a toujours su soigner sa popularité. Déjà au temps de la campagne d'Italie, d'innombrables gravures et des tableaux exaltaient la bravoure du jeune Bonaparte. Prisonnier plus tard à Sainte-Hélène, l'Empereur, victime lui-même d'une pénible captivité, devient le champion de la liberté des peuples.

Les plus grands des poètes romantiques, Victor Hugo, Alfred de Musset, Alexandre Dumas, évoquent le destin grandiose et dramatique de l'Empereur. Victor Hugo chante dans un de ses plus célèbres poèmes la défaite à Waterloo, *« morne plaine »*.

Reddition d'Ulm (détail), 1805

L'épopée napoléonienne, avec le souvenir des grandes victoires, Marengo, Ulm, Austerlitz, est présente dans un nombre incalculable d'images, de gravures vendues dans toutes les campagnes de France par des colporteurs.

Les anciens soldats de Napoléon, qui ont parcouru l'Europe, allant de victoire en victoire, gardent une véritable vénération pour ce chef auréolé de gloire ; ils vont être les meilleurs propagandistes du culte napoléonien.

Dans les classes aisées, on lit inlassablement le *Mémorial de Sainte-Hélène,* écrit par l'historien Las Cases, qui avait accompagné l'Empereur dans son exil.

Le retour solennel des cendres de Napoléon, ramenées de l'île de Sainte-Hélène aux Invalides à Paris en 1840, relance le culte de l'Empereur, et explique en partie comment Napoléon III, neveu du grand Napoléon, a pu prendre le pouvoir et fonder le Second Empire en 1852.

Tombeau de Napoléon 1er
Paris, Hôtel des Invalides